문학과지성 시인선 309

청동의 시간
감자의 시간

허수경 시집

문학과지성사

문학과지성사에서 펴낸 허수경의 시집

혼자 가는 먼 집(1992)
누구도 기억하지 않는 역에서(2016)

문학과지성 시인선 309
청동의 시간 감자의 시간

초판 1쇄 발행 2005년 10월 14일
초판 10쇄 발행 2024년 8월 20일

지 은 이 허수경
펴 낸 이 이광호
펴 낸 곳 ㈜**문학과지성사**
등록번호 제1993-000098호
주   소 04034 서울 마포구 잔다리로7길 18(서교동 377-20)
전   화 02)338-7224
팩   스 02)323-4180(편집) 02)338-7221(영업)
전자우편 moonji@moonji.com
홈페이지 www.moonji.com

ⓒ 허수경, 2005. Printed in Seoul, Korea

ISBN 89-320-1643-7 02810

이 책의 판권은 지은이와 ㈜**문학과지성사**에 있습니다.
양측의 서면 동의 없는 무단 전재 및 복제를 금합니다.

문학과지성 시인선 309
청동의 시간 감자의 시간

허수경

2005

시인의 말

나는 이 시집에 묶인 시들을 反전쟁시라고 부르고 싶다.
내가 특별히 평화주의자라서 그런 건 아니다.
다만 이 시집에 묶인 많은 시들이 크고 작은,
가깝거나 먼 전쟁의 시기에 씌어졌기 때문이다.
전쟁을 직접 겪지 않은 한 인간이 쓰는 反전쟁에 대한
노래,
이 아이러니를 그냥 난,
우리 시대의 한 표정으로 고정시키고 싶었을 뿐.

2005년 가을, 알텐베르그에서
허수경

청동의 시간 감자의 시간

차례

시인의 말

제1부 진주 말로 혹은 내 말로

거울 들판 11
언덕 잠(봄) 12
언덕 잠(봄)—진주 말로 혹은 내 말로 13
항구마을 14
항구마을—진주 말로 혹은 내 말로 16
가을 물 가을 불 18
가을 물 가을 불—진주 말로 혹은 내 말로 20
그래, 그래, 그 잎 22
그래 그래 그 이파리—진주 말로 혹은 내 말로 24
대구 저녁국 26
대구 저녁국—진주 말로 혹은 내 말로 28
달 내음 30
그때 달은 33

제2부 새벽 발굴

낯익은 당신 37
우리는 촛대 38

해는 우리를 향하여　40
물 좀 가져다주어요　42
새벽 발굴　44
연등빛 웃음　48
흰 부엌에서 끓고 있던 붉은 국을 좀 보아요　50
회빛 병원　51
우물에　52
빈 얼굴을 지닌 노인들만　54
그해 사라진 여자들이 있다　56
오래전에 어떤 왕이 죽었다,　57
그때　58
영변, 갈잎　60
붉은 후추나무　62
빛 속에서 이룰 수 없는 일은 얼마나 많았던가　64
아침　66
그곳으로　67
엄마　68
시간언덕　70
그렇게 웃는 나날이 계속되었다,　72
날개를 삶다　73

제3부 불을 들여다보다

별을 별이　77
박미자 하나가　78
흔들리는 의자　79

음악 선생님 또랑또랑　80
고요하게 손을 뻗다　82
달이 걸어오는 밤　84
기차역 앞 국 실은 차　86
동그라미　88
기억하는가 기억하는가　90
불을 들여다보다　91
저녁 스며드네　92
말강 물 가재 사는 물　94
나무 흔들리는 소리　96
아마도 그건 작은 이야기　97
눈 오는 밤　98
마늘파 씨앗　100
기차역　102

제4부 저 물 밀려오면

무너진 조각상　107
말 한 마리　108
검은 소 도시 혹은 여행 전에 읽은 여행 길잡이 가운데　110
『검은 소 도시 여행 길잡이』라는 책에 관하여　114
폭풍의 밤　116
코끼리, 거미 다리를 가진,
그 해변에서 달리가 그린, 그 코끼리　117
물지게　118
그렇게 조용했어, 눈이 내리는 소리가 들려,　119

배 122
웃는 소리 124
여름 내내 125
기쁨이여 126
저 물 밀려오면 128

해설 | 고고학적 상상력과 시 · 성민엽 131

제1부
진주 말로 혹은 내 말로

거울 들판

저편에서 누가 부른다

누구요?

거울 속으로 새 신 신고 들어간다
거울 속에서 헌 신 신고 나온다

누구요!

저편에서 누가 묻는다

거울 들판

언덕 잠(봄)

꽃 든 자리
꽃 나간 자리

아득한
어두운

여보세요
불 좀 꺼주세요

환해서
잠 안 오네요

언덕 잠(봄)
── 진주 말로 혹은 내 말로

꽃 든 고시
꽃 나간 고시

아드커데
검등하데

저, 녘에 선 손님예
불 좀 꺼주이소예

훤등코해
멧잠 안 오네예

항구마을

비 내리는데
노천식당 앉아 밥 먹는데

여기는 작은 항구마을
조갑지 배들
채소찬 많은 밥상처럼 들어와 있는 곳

굴 내음 사무치면
서먹하게 해초무침 뒤집던 손
자꾸 물결로 가게 되는 곳

물결 건너 작은 섬 하나 있어
오십 년 전 전쟁 때 눈동자 없이 죽은 이
그 눈동자가 먼 꽃에 든다

그가 다시 볼 수 있다고
말하지 마오,

비 내리는데
노천식당에 앉아 지나가는 새 보는데

항구마을
── 진주 말로 혹은 내 말로

비님 나리시는데
노천밥집 안조로미 밥 드는데

이데는 자근 항구말
조갑데기 배드리
푸성귀소 많은 밥상드럼 들어와 있는 데

서콰내 사무드멘
서더먹케 싱경이무침 뒤더기던 손
들썩 들쏙 물회리 가게 되는 데

물회리 너머가리 자근 셈 한 도두 이서
반백 허리 전장 적 눈동자 거이 없이 두어 두리머리 간 녁
그녁 눈동자, 먼 꽃 드누나

그녁 다신 볼 수 있다
말하지 말아여

비님 나리시는데
노천밥집 안조로미 드나가는 새낭구 보는데

가을 물 가을 불

그 강

내가 자란 마을 강 천지로 불 일듯,
붉은 잎 떨어질 때
그때 그 강가에 서서
아마도 누군가 기다리는 뱃사공 본 듯,

그 뱃사공이 마시던 주발에
붉은 잎 떨어지는 것 본 듯,

검은 이불 속을 뒤척이며
서리서리 퍼런 물,
퍼런 물속 순한 물이
되는 불 만난 듯,

기다린 듯,

거친 손을 뱃사공이 내밀며

가자, 가자, 할 때,
그때 어디로,
라고 묻지 못하는 길
오랫동안 걸은 듯,

가을 물 가을 불 속 검은 이불 속,
순하게 사라지는 꿈꾼 듯

고개 숙이고
강 저쪽을 바라보던 이
실은 뱃사공 무심하게 노를 그은 듯.

가을 물 가을 불
── 진주 말로 혹은 내 말로

그 가람

내 솅기난 말 가람 천지방지로 불 일듯,
불근 이파리 떨어질 적
그때 그 가람가녁 서서
아무래나 뉘 기다리는 뱃사공 눈에 넣은 듯,

뱃사공네 들이시던 주발에
불근 이파리 녹들 듯한 거 본 듯,

검당한 이부자리 뒤덕이메
서리서리 퍼런 물,
퍼런 물 안 순더분한 물
되는 불 걱정이 든 듯,

다분히 돋아든 듯,

거더벙한 손 사공네 내밀며

가입시더, 가예, 할 적,
그녁 어데로,
라 청하지 못다한 길
오래 하등히 걸은 듯,

가슬 물 가슬 불 검덩한 이부자리 내,
순더벙 자무락한 꿈든 듯

고개 가당 저히고
가람 저녁 두리번 하던 네
실은 사공님 맘 없이 노, 근 듯.

그래, 그래, 그 잎

 그 잎 여릴 적, 우리 만나 잎 따서 삶아 밥해주던 할머니집에 앉아 여린 잎에 하얀 밥 싸 먹으며 벙그러지는 입술 오무리며 깔깔거리다가 어머 어머 할머니 설거지 많겠네, 어쩌나, 그때 그 잎 여려 할머니의 아가 같은 손힘으로도 뚝 뚝 꺾이는 것을,

 그 잎 커다랗게 자라 그늘 만들고 그늘 아래 비 그으며 수박 오이가 익는 것 들을 때까지 기다리자, 하며 할머니가 떠 오는 설거지물에 마치 오랜 시간 씻듯 양은 밥주발 씻으며 할머니가 잎 옆에 달린 꽃 머리에 꽂으며 벙그렇게 웃는 것 보며 그래, 그래 저 잎 더 무성해져서

 산 덮고 그 산, 잎그늘 아래 축축한 땅의 수줍은 곳 열어 버섯 돋아오르면 그때 또 할머니가 지어주는 버섯밥 먹자, 좋겠네, 저 잎 여릴 때 만나 무성하게 산그늘 될 때까지 붙어 있다가 그래 그래 할머니 머리에 꽂힌 저 붉은 꽃 좀 봐, 무슨 열대 섬 사는 아씨 같은

할머니 좀 봐, 그때까지 설거지 물에 담긴 양은 주발
새로운 시간처럼 씻으며, 그래 그래, 저 잎

그래 그래 그 이파리
— 진주 말로 혹은 내 말로

  그 이파리 아가 적, 우리 보굴랑 이파리 따 삼군 밥 더머기던 할매 저방에 앉아 아가잎에 흰밥 싸 무그며 벙그러지는 입술랑 오무리메 깔깔대메 어마시야 할매 설것방 많이나 되것네, 어쩔꼬, 그녈 그 잎 아가여서 할매 아그머치한 손뚝심으로 뚝 뚝 건기는 거슬,

  그 이파리 커당게 자라 그늘 맹글고 그늘 비님 그브며 수박 오이 둥거는 거 들을 때꺼지 기다리제, 하며 할매 떠오는 설것당물 오랜 시월 씨그듯 양은 밥주발 씨그며 할매 잎 곁에 달린 꽃 머리에 접히며 벙그럽세 웃는 거 볼 새 그래, 그래 저 이파리 무덩허덩허정해져

  산메 더푸고 그 산메 잎그늘 메에 처처한 따의 수지 븐 데 열어 버섯제기 도다오르메 그녈 또 할매 지어데 주는 버섯제기밥 먹자야 좋것네, 그 잎 아가 적 만나 무덩허덩해져 산메그늘 될 녘까지 어깨 두다가 그래 그래 할매 머리 녘 접한 저 불근 꽃 녘 좀 볼거나 어디 열대 섬 사는 아그 같은 할매 좀 보아, 그때꺼지 설것

방 물 담긴 양은 주발 신상신시처럼 씨그며 그래 그래 저 이파리

대구 저녁국

　대구를 덤벙덤벙 썰어 국을 끓이는 저녁이면 움파 조곤조곤 무 숭덩숭덩
　붉은 고춧가루 마늘이 국에서 노닥거리는 저녁이면

어디 먼 데 가고 싶었다
먼 데가 어딘지 몰랐다

저녁 새 벚나무 가지에 쪼그리고 앉아
국 냄새 감나무 가지에 오그리고 앉아

그 먼 데, 대구국 끓는 저녁,
마흔 살 넘은 계집아이 하나
저녁 무렵 도닥도닥 밥한다

　그 흔한 영혼이라는 거 멀리도 길을 걸어 타박타박 나비도 달도 나무도 다 마다하고 걸어오는 이 저녁이 대구국 끓는 저녁인 셈인데

어디 또 먼 데 가고 싶었다
먼 데가 어딘지 몰랐다

저녁 새 없는 벚나무 가지에 눈님 들고
국 냄새 가신 감나무 가지에 어둠님 자물고

대구 저녁국
── 진주 말로 혹은 내 말로

대구 덤더벙 국 끓이는 저녁 움파 조고곤 무시 숭숭덩
불근 고추가리 마늘 국에서 노닥 눈 헛파는 저녁이면

어디 먼 데 가고 자파
먼 데 어느 멘지 몰로라

저녁 새 벚나무에 쪼그리고 대누어
국 냄새 감나무 가대에 오그리고 대누어

그 먼 적 대구국 기리는 저녁,
마흔뎅이 가시나 한 것
저녁 적 도다닥 찬데리여

그 흐저다한 혼이라는 길이 말종이 먼재도 길 타서
타박타박 나배도 달녁도 낭구도 마다코 걸어다미는 이
저녁 새 대구국 기리는 저녁센데

어디 먼 데

먼 데 어딘지 몰라라

저녁 새 벚낭구 가지에 눈님 새울고
국 냄새 간 감낭구 가지에 어둠님 눈구구 감고

달 내음

밤하늘 언덕에 풀을 몰고 다니던 염소들
휘파람을 불며 연애편지를 쓰던 동네 오라버니들
평상을 펴고 누워 부채를 부치던 노친네들
멀리멀리까지 끓어 넘치던 호박 넣은 수제비 국물이 놓인 화덕

매일매일 우물로 걸레를 빨러 나오던 노망난 할망구
소를 우리는 냄새가 진득하던 마을 입구에 복숭아나무가 자라고
장티푸스를 앓던 아이는 그 앞에 등을 내밀고 엎드려 있었다
멀리멀리 기차가 지나가는 소리

철도로 난 풀을 밟고 기차가 사라질 때 그 독하던 풀 냄새
장티푸스를 앓던 귀로 코로 몰려오던 자지러지던 것들
귓병을 앓으며 매일매일 항생제를 귀에 넣고 다니던

술집 여자
 뚱뚱한 중국 남자가 끓이던 우울한 우동
 웃는 얼굴로 되를 속이던 짠된장 상투를 튼 싸전 영감

 벼멸구를 잡아 불태우던 연기를 향해 침을 퉤퉤 뱉던 동사무소에 댕기던 안경잡이
 집문서를 팔아 여당 지방사무소 소장을 하던 위인
 농업실험실 과수원에서 자두에 접붙인 수박을 만든다던 폐병쟁이
 막된장에 무친 날내 나는 나물

 잘게 썬 풋고추를 넣고 조린 피라미
 호박잎에 싼 은어 회
 날게 생긴 오이에 약 든 쇠고기를 잘게 썰어 익힌 오이찜 짠 멸치젓을 넣어 만든 쓴물 나던 고들빼기 너덜너덜한 처녑을 끓여 참기름장에 곁들이던 겨울날 할아버지의 술상

자진자진 햇살에 말라가던 고구마 박, 꿈으로 생으로 들어오는
그러다 달이 휘영청 떴지요
아직 복숭아나무 아래 배를 깔고 아이가 달을 바라보았지요
이승으로 돌아왔지요
돌아올 까닭, 딱히 있는 건 아니었지만

그때 달은

   그때 달 하나 마치 나를 그릴 것처럼 저 혼자 내 속에서 돋아나더니 내 속을 빠져나가 걸어가기 시작했습니다 어둠에 감추어져 있던 나는 그렇게 빛 아래 서게 되었는데 (어쩌다가 내 속은 달을 돋아나게 했을까, 일테면 파충의 기억을 내 속은 가지고 있었던가) 후두둑 까마귀가 날아가는 소리 컹컹 늑대 우는 소리 저 먼 산이 나무들을 제 품속에서 끄집어내어 올빼미를 깃들게 하고 (그때 또 달 하나 저 혼자 내 속에서 돋아나더니 내 속을 빠져나가) 먼저 걸어나간 달이 새로 걸어오는 달을 성큼 집어먹자 산은 깃든 올빼미를 얼른 품으로 끌어안아 들였습니다 (그때 또 달 하나 저 혼자 내 속에서 돋아나서는 내 속을 끌고 허공으로 걸어갔습니다) 달을 집어먹은 달은 새로 걸어오는 달과 내 속을 바라보았습니다 그때 빛 속에 서 있던 나는 내 속을 성큼 집어먹었습니다 우리는 그렇게 서로 바라보았습니다 내 속에서 돋아든 달과 내 속을 집어먹은 나는 그렇게 서로 바라보았습니다

제2부
새벽 발굴

낯익은 당신

 빛인가, 당신, 저 손등 아래 지는 당신, 봄빛인가 당신, 그래, 한 상징이었을지도 모를 당신, 뭉큰, 손에 잡히는 600그램 돼지고기 같은, 시간, 저 육빛인 당신, 혹, 당신은 빛 아닌, 물인가, 저 발 아래 일렁이는 당신, 물 냄새가 당신, 그래, 한 기호였는지도 모를 당신, 덜컹, 발에 잡히는 영상 25도 물 온도 같은, 시간, 저 온탕인 당신, 혹 당신은 물 아닌 흙인가, 저 땅 아래 실은 끓고 있는 바위 같은 당신, 아직 형태를 결정하지 못한, 망설이는, 바위인가, 사방 100킬로 용암의 얼굴 같은, 저 낯익은 당신

우리는 촛대

우리는 촛대
누군가 맑은 짐승의 기름을 굳혀 만든
불을 켜주오

그 겨울, 얼음 선 마을
많은 몸
사지 오지 저 드나먼 언덕의 철거울

그 흩어진 몸의 기름을 짜서
만든 초로
불을 켜다오

우리는 촛대 저 물렁거리는 밝음 아래
대지에 떨어지는 붉은 콩 같은
기름을 받는
말을 견뎌내는
촛대

붉은 채소는 붉게 다지고 푸른 채소는 푸르게 다지는
여자들이 어둔 국솥으로 들어가서

다시는 나오지 않는
우리는 그런 시절의 촛대

해는 우리를 향하여

까마귀 걸어간다
노을녘
해를 향하여

우리도 걸어간다
노을녘
까마귀를 따라

결국 우리는 해를 향하여,
해 질 무렵 해를 향하여 걸어가는 것이다

소문에 의하면
해 뜰 무렵 해를 향하여 걸어갔던 이들도 있다고 한다

이를테면, 나이 어려 죽은
손발 없는 속수무책의 신들이 지키는 담장 아래 살았던 아이들

단 한 번도 죄지을 기회를 갖지 않았던
아이들의 염소처럼 그렇게

폭탄을 가득 실은 비행기가 날아가던
해 뜰 무렵

아이와 엉겨 있던 염소가
툭 툭 자리를 털면서
배고파, 배고파, 할 때

눈 부비며 염소를 안던
아이가 염소에게 주던 마른 풀처럼
마른 풀에 맺힌 첫날 같은 햇빛처럼

물 좀 가져다주어요

아이들 자라는 시간 청동으로 된 시간
차가운 시간 속 뜨겁게 자라는 군인들

아이들이 앉아 있는 땅속에서 감자는
아직 감자의 시간을 사네

다행이군요,
땅속에서 땅사과가 아직도 열리는 것은
아이들이 쪼그리고 앉아 땀을 역청처럼 흘리네

물 좀 가져다주어요
물은 별보다 멀리 있으므로
별보다 먼 곳에 도달해서
물을 마시기에는
아이들의 다리는 아직 작아요

언젠가 군인이 될 아이들은 스무 해 정도만 살 수 있는 고대인이지요, 옥수수를 심을걸 그랬어요 그랬

더라면 아이들이 그 잎 아래로 절 숨길 수 있을 것을
아이들을 잡아먹느라 매일매일 부지런한 태양을 피할
수도 있을 것을

   아이들을 향해 달려가는
   저 푸른 마스크를 쓴 이는 누구의 어머니인가,
   저 어머니들의 얼굴에 찍혀 있는 청동의 총,
   저 아이를 끌고 가는 피곤한 얼굴의 사람들은

   아이들의 어머니인가
   원숭이 고기를 끓여 아이에게 주는 푸른 마스크의
   어머니에게 제발 아이들의 안부 좀 전해주어요
   아이들이 자라는 그 청동의 시간도, 그 뜨거운 군인
이 될 시간도

새벽 발굴

아직 해는 도착하지 않았습니다만
이곳으로 올 것만은 확실합니다
이삼 초 간격으로 달라지는 하늘빛을 보세요
마치 적군의 진격을 목전에 둔 마을
여인들의 공포 같은
빛의 움직임

해가 정격 포즈로 하늘을 완전 점령하고 나면
이 발굴지를 덥석 집어 제 식민지를 건설합니다
사탕수수도 목화도 자라지 않는 이 폐허
해는 이곳에 아찔한 정적을 경작하고
햇빛은 자유 데모보다 더 강렬하게
폐허의 심장을 움켜쥐지요

사방으로 줄자를 두르고
칼로 잘라낸 듯 땅을 나누고
(기록을 위해 만들어진 이 기술은 귀여워요, 감쪽같이 당신이 이 지구에 있었던 마지막 자리를 남북경

위도 숫자로 딱 매겨내지요. 그리고 제가 지금 기록하고 있는 격자 안에 든 작은 발굴지 지도를 좀 보세요. 그 안에 점을 찍으면 그 점이 당신의 마지막 지상의 자리가 됩니다)

   그대들은 누구이신지요 앉은 다리로 서쪽을 향해 머리를 두고
   이 무덤 안에 든 그대들은 누구인지요
   햇빛이 나오자마자 날아오는 초원의 파리떼들
   아직 산 자의 뜨거운 얼굴 땀으로 엉겨드는 파리떼들

   이름 없는 집단 무덤
   해골 없이 다리뼈만 남아 있거나 마디가 다 잘린 손발을 가진 그대들
   해와 달이 다 집어먹어버린 곤죽의 살덩이들은
   흙이 되어 가깝게 그대들의 뼈를 덮었는데
   아직 흙에는 물기가 남아 있어
   비닐봉지에 그대들을 담으면 송송 물이 맺힙니다

그대들은 누구인지요 심장 없는 별을 군복 깊숙이 넣고 사는
　그대들은 누구인지요 저 초원에 사는 베두윈들이
　별에 쫓겨 이 폐허로 들어와 실타래 같은 짠 치즈를 팔고
　해에 쫓겨 헉헉거리다 잠시 하는 휴식시간,
　설탕에 절인 살구를 치즈와 함께 목구멍으로 넘기는
　이 점령지 폐허에서 그대를 발굴하는
　이는 또 누구인지요

　저 해는 제 식민지를 잘 관리하는 이를테면 우주의 소작인인데
　그리하여 우주보다 더 혹독하게 폐허의 등허리를 누르는데
　흙먼지 미립 속에 찬연히 들어와 움직이는 식민 권력 속에
　목마른 이는 물을 구하러 마을로 가고

폐허에 남은 이는 그대가 든 비닐봉지에 구멍을 뚫어주며
　그대의 마지막 물기를 말리고 있습니다

연등빛 웃음

소녀가 웅크린 그 부엌 안에
작은 불을 켜며 라디오를 켜며
많은 나날들이 연빛 웃음처럼
소녀 또한 연등빛 웃음처럼

폭약 많은 오후조차
서기들에게 기록되지 않는 (너무나 흔한데요, 뭘,
등 뒤에서 저 개들이 또
서기들의 어깨를 먹어치울텐데요)
현대, 라는 나날 인간 이야기

그러나 어느 날
우리들이 먹은 닭다리가 저 천변에 해빛에서 아득해
질지라도
소풍 가는 날
가만히 옷장을 보면 아직 개키지 않은 옷들이
들어 있어도
그냥 둡시다

갈잎 듣는 그 천변에서
우리는 다시 돌아올 것이므로, 돌아올 것이므로
그날 그 소풍에 가지고 갈
닭다리를 잘 싸고 포도주 두어 병도 준비하고

그대가 내 오라비로만
이 지상에서 그대가 나의 누이로만
이 지상에서 살아갈 것을 서약은 할 수 없을지라도
오 오 소풍을 갑시다, 울지 맙시다

흰 부엌에서 끓고 있던 붉은 국을 좀 보아요

기름이 알맞게 붙은 소고기를 사오면서 해가 지는 골목길을 지나 어느 사제의 딸이 당도하는 흰 부엌

나는 눈먼 사제의 딸, 이렇게 죽인 소를 사지요, 잘 다져서 볶지요, 고춧가루 마늘에다 은밀한 산그늘에서 가지고 온 고사리를 넣고 끓이지요, 세계를 국솥에 두고 끓이지요 먼 나라에서 온 악기쟁이들을 불러다 놓고 끓이지요, 햇빛에 달빛에 별빛에 바람 오는 자리들을 깊숙이 세계의 한켠에다 집어두지요,

끓고 있는 붉은 국을 좀 보아요, 저 매운 세계를 좀 보아요, 저 흰 부엌을 지키는 눈 먼 사제의 딸을 좀 보아요, 흰 소인 사제의 딸을 좀 보아요, 저 찰랑거리는 사제의 딸을 납치해가는 거머리총판을 든 귀 먼 용을 좀 보아요, 세계가 화덕에서 검게 졸아드는 것도 모르고 먹먼지 속으로 기어이 들어가는 저 용들을 좀 보아요, 흰 부엌에서 끓고 있던 붉은 아픈 국을 좀 보아요

회빛 병원

하얀 모자를 쓴 검은 남자가 하얀 침대에 누워 검은 학살에 대해 꿈을 꾼다
푸른 모자를 쓴 군인들이 죽 그릇을 들고 우네요
그건 마치 미사 같아서 당신을 끊임없이 환기시키는 토마나 합창
아 아 하고 노래하면 탕 탕 총이 울리고
오 오 하고 노래하면 엄마! 누군가 지르는 촌각의 비명
단 한 번도 저 들에 불난 적 없지만 단 한 번도 저 들에 양식 난 적도 없다오
회빛 병원 침대마다 검은 학살의 꿈 팔 없는 간호사가 침대 옆에서 울고

우물에

(폭탄이 떨어지기 직전의 바그다드, 숄 라투어라는 한 나이 든 독일 기자가 어눌하게 전했던 그때 바그다드에는 유별나게 결혼식이 많았다고 한다. 화려하게 차려입은 꽃 같은 신부들이 신랑과 함께 춤을 추고 그들의 부모들이 거나한 음식 앞에서 박수를 치고 아이들은 꽃을 뿌렸다고 한다. 무엇이 그들을 결혼식으로 몰았던가, 거대한 죽음의 물결 앞에 선 자연재해자들처럼)

우물에 뜬 해 속에서 다친 아이들이 걸어나왔다오,
 오 오 그날의 해가 우물 속으로 간 까닭을 아무도 알 수는 없지만.

우물에 뜬 달 속에서 다친 여자들이 걸어나왔다오,
 오 오 그날의 달이 우물 속으로 간 까닭을 아무도 알 수는 없지만.

우물에 해 뜨면 우물에 달 뜨면

우물은 우우거리다가 우주를 열 듯
물을 열어보려고 하지만

불을 노래하는 적막의 북처럼,

우물에 뜬 별 속에서 다친 남자들이 걸어나왔다오,
오 오 그날의 별이 우물 속으로 들어간 까닭을 아무도 알 수는 없지만

빈 얼굴을 지닌 노인들만

 빈 얼굴을 지닌 노인들만 지나다니는 길 옆에 그 극장이 있었다 흰 수건을 쓴 처녀들이 소리 없이 극장 옆으로 걸어가는 것을 보았다 처녀들은 가슴에 달을 안았다 처녀들은 달을 안고 극장으로 들어갔다 달이 품 안에서 깨기도 전에 극장 안에 있는 환풍기는 붉은 햇빛을 끌고 들어왔다 처녀들은 누런 달을 품고 잠으로 들어갔다 그렇게 나무에는 달 같은 얼굴이 열렸다 그 얼굴은 너무나 낡아 나무는 그만 얼굴을 놓아버리고 싶다 그해 나무들이 그렇게 불편해하는 것도 모르고 도시락과 물병을 들고 우리는 숲으로 들어갔다 숲은 꼭 그 극장 같았다, 몇백 년 전에 일어난 살인사건을 매일매일 무대에 올리던 그 극장, 살해된 자가 매일매일 그렇게 다시 살해되던 그 극장, 배우들이 불사조처럼 다시 일어나 처녀들에게 깊이 머리를 숙이던 그 극장, 그 숲에서 아이들이 자지러지게 노는 것을 보았다 물병에 붉은 햇빛이 고이는 것을 보았다 아이들이 그렇게 빨리 자라는 것을 보았다 그리고 빈 얼굴을 지닌 노인들이 배우였다는 것을 깨닫는 순간 처녀들은 슬금슬금 잠에서 깨어나서는 머릿수건을 벗었다. 처녀들은 매일매일 무대에서 살해되는 배우의 얼굴을 하고 있었다

그해 사라진 여자들이 있다

 그해 들판에는 꽃이 유난히도 많이 피고 꽃 진 자리에서는 잎도 무성하게 돋아 나오다 잎은 오랫동안 가지에 달려 있고 그 아래에서 소들은 잘 쉬다 염소에게 말을 걸고 장난을 치던 토끼는 연둣빛 풀을 배불리 먹고 작은 토끼를 낳고 들판을 아가 토끼와 걸어다니다 여자들은 아가 토끼를 사랑하여 그 옆에서 책을 읽고 수를 놓다 가지고 온 점심 도시락을 열어 까르르거리며 맑은 장아찌를 흰밥에 올려 먹다 그리고 그해 들판에는 해도 자주 나와서 여자들의 등을 만져주다 여자들은 해를 껴안고 깊이 잠이 들기도 하다 바람이 지나갈 때 잠깐 깨어나서 눈을 부비다 구름은 나즉하고 하늘은 깊다 저 멀리서 들려오는 비행기 소리는 이 세상 소리가 아닌 것처럼 맑다 여자들은 다시 눈을 감으며 멀리 잠이 들다 그해 사라진 여자들이 있다 그해 들판에서 많은 짐승들이 평안할 동안 멀리 잠이 든 것처럼 사라진 여자들이 있다

오래전에 어떤 왕이 죽었다,

 진흙벽돌로 만든 집에서 차를 마신다, 이 차는 밤에 국경을 넘는 남자들이 가져온 황금빛 차, 남자들은 오래전에 어떤 왕이 죽었다, 고 말한다, 그런데, 그 왕의 무덤은 어디에 있을까, 남자들은 아주 오래전부터 그 무덤을 찾아다녔다, 고 말한다, 무덤을 찾아내면, 찻빛 같은 황금릉을 찾아내면, 죽은 왕을 찾아내면……, 그때 왜 나의 아내가 사라졌는지, 그때 왜 나의 집에 불을 놓았는지, 그때 왜 나의 아이들을 말들이 짓밟았는지……, 오래전에 어떤 왕이 죽었다, 이 남자들이 태어나기 훨씬 전에 죽었다, 그런데 남자들의 눈동자는 이글거린다, 무덤을 찾아내면, 내 식구들이 어디에서 죽어갔는지, 알 수 있을 거라고……, 그 왕은 이 남자들의 할아버지가 태어나기 훨씬 전에 죽었는데, 왜 남자들은 왕의 무덤을 찾아내려고 하는지, 차를 마신다, 진흙벽돌로 만든 집 안에서 차를 마신다, 왜 왕은 오래전에 이 남자들의 증조부가 태어나기도 전에 죽었는가.

그때

알 수 없는 거리에서 자라나는 아이가
꿈으로 들어왔다

아이는 총을 들고 아이는 군복을 입고
주머니에 박하사탕을 한 움큼 넣어달라고 했다

알 수 없는 거리에서 자라난 아이가
해를 고요하게 넘겨받는 하늘이
저쪽에 있듯 자명하게 꿈으로 들어왔다

지진으로 사라진 도시를 추억하거나
이제는 방문할 수 없는 전쟁 속의 도시를 추억하며
오래 도서관에서 서성인 날

오래된 쐐기문서에 씌어진 양파 수확량을
들여다보는 그런 날

총을 들고 거리에 서 있는 아이

우리들이 그리워한 세계의 얼굴이 저 멀리에서
마치 불타는 뉴질랜드 숲의 동물들처럼 사라지는 것을
멍하니 바라볼 때

이 밤 어느 곳에서는 비행기가 날고 거리에는
아직 제가 태어난 곳을 잊지 못하는 아이들

모닥불을 피우며 양고기를 굽는
아직 피 묻은 손으로 양고기를 들썩이는 노인들을
위하여
아직 아무도 관을 준비하지 않은 그때

머리에 가득 얼굴을 열고 다니는 여자들
여자처럼 생긴 남자들은 울면서 가슴을 두들기고
있는 그때

영변, 갈잎

극우주의자들이 다니던 술집에
새 신전이 세워지던 날

옛 신전 속에서 술을 나르던 신들이
일제히 사라지던 날

마치 도륙이 시작되던 어느 도시의
새벽녘처럼 그렇게
삼엄하게 해가 떠오르던 날

말을 잃은 사제가 혀를 들고
거리의 쓰레기 곁에서 울던 날

평안하게 태어나는 아가야
울지 말고 울지 말고

영변과 어미 누이
갈잎에 지던 물소리 제 살을 여는

빛을 들으라
이마를 간지럽히는 바람을 먹어라

붉은 후추나무

유프라테스에서 건져 올린
물고기를 구워 파는 식당

식당 뜨락에 서 있는 붉은 후추나무
구운 물고기 위에 있는 붉은 후추알
영상 46도

물고기 눈은 이미 검은데
아직 불에 구워지지 않은
붉은 후추알

사막의 바람이 지는 자리
이 지나간 자리에

얼굴에 칼자욱이 선명한 노인이
아직도 불을 지피고 물고기를 굽는 식당 뜨락

붉은 후추알을 달고 나무 하나 저무는데

그 너머 망한 도시 하나 모래 속에 있는데

빛 속에서 이룰 수 없는 일은 얼마나 많았던가

빛 속에서 이룰 수 있는 일은 얼마나 많았던가 이를테면 시간을 거슬러 가는 일, 시간을 거슬러 가서 평행의 우주까지 가는 일

그곳에서 나는 내 아버지에게서 태어나지 않는다
그곳에서 나는 내 어머니에게서 태어나지 않는다
나는 다른 부모를 가지고 다른 이름을 가지고
내 육체는 내가 가진 다른 이름을 이루어내고

그곳에서 흰빛의 남자들은 검은빛의 여자들에게 먹히고
(그러니까 내가 살던 다른 평행에서는 거꾸로였어요, 검은빛의 여자를 먹는
흰빛의 거룩한 남자들이 두고 온 고향으로 돌아가는 꿈을 자꾸 꾸며 우는 곳이었지요)
나는 내가 버렸던 헌 고무신 안에
지붕 없는 집을 짓고 무력한 그리움과 동거하며
또 평행의 우주를 꿈꾸는데

그러나 그때마다 저 너머 다른 평행에 살던 당신을 다시 만나는 건 왜일까,
  그건 좌절인데 이룬 사랑만큼 좌절인데
  하 하, 우주의 성긴 구멍들이
  다 나를 담은 평행의 우주를 가지고 있다면

  빛 속에서 이룰 수 없는 일은 얼마나 많았던가 이를테면 시간을 거슬러 가서 아무것도 만나지 못하던 일, 평행의 우주를 단 한 번도 확인할 수 없던 일

아침

 태평양전쟁의 아침, 북녘항에 들어오던 걱정 많은 정어리배들, 전쟁은 끝나도 그 배들은 아직 찬 시린 바닷물, 소름 돋는 퍼런 바람 속에 떠 있다, 야만의 뱀이 정어리망에서 퍼더등 튀어오른다, 어부여 저 야만의 뱀을 재빨리 잡아주시요

그곳으로

 그곳으로, 백 년 동안 물을 기다리던 남자가 있는 곳으로, 그 남자가 그린 작은 말이 있는 곳으로 그 말이 달리던 검은 동공 같은 들판으로 그 들판이 그렇게 부지런히 기르던 민들레의 더운 숨 속으로 그 숨 속에서 백 년 동안 물을 기다리던 남자에게로 그 남자가 다 막아놓은 문 쪽으로 문이 걸어놓은 퍼런 별 속으로 다시 별 속으로 그곳으로 장갑차가 나를 기다리고 있는 곳으로 나를 터엉 쏘아서는 내 창자를, 내 근본을 다 여는 그 폭력 속으로 그 속으로 병원으로 실려가는 길가에서 물을 기다리던 남자는 땅바닥에다 말을 그리고 말이 달리는 들판에서 민들레는 더운 숨을 열어 오오 기다린다, 라는 인간의 언어를 마치 헉헉거리며 쫓아오는 사제처럼 말하는 그곳으로

엄마

엄마
대포 소리가 저리도 가까운데
꽃 피는 소리가 들려요

애야, 저건 오레안다꽃이 피는 소리란다
거리에서 자동차에 뭉개지면서 꽃이 우는 소리란다
그 자동차를 타고 가던 여인과 비밀경찰을 기억하니?

엄마
철로 만든 새가 있어요, 엄마의 간을 절여서
불에 굽는 철로 만든 새요, 맛있는 간은 얼마나 서
러워요,
그런데 그때마다 피 맑은 굴뚝새가 울어요

애야, 그건 철로 만든 새가 간 씹는 소리가 아니란다
새가 우는 소리란다
아주 오랫동안 진화한 한 파충의 거대 짐승이
저리도 작은 새로 초롱거리는 것을

엄마 그런데
잘린 다리가 아직도 길을 잃고 전장의 곁에 서성이고 있어요
그 곁으로 식량을 실은 나귀가 지나가요
나귀의 눈 안 좀 보아요, 마치
희고 고요한 눈바다를 거쳐 불 담은 바람이 스러지는 것처럼

애야, 울지 마라 쪼그리고 앉아 울지 마라
다, 지나간단다 저 뭉개지는 꽃잎에서
짓이겨 더 진한 향을 보렴
눈 감고 향을 보렴

엄마
그런데 보이지 않아요
보이지 않는데 보이는 것처럼 환한 등불이 켜져요
저 불을 아무도 빼앗지 않는 곳에 두고 싶어요
엄마

시간언덕

　에이디 2002년 팔월 새벽 여섯 시 삽으로 정방형으로 땅을 자른다, 비씨 2000년경 토기 파편들, 돼지뼈, 염소뼈가 나오고 진흙으로 만든 개가 나오고 바퀴가 나오고 드디어는 한 모퉁이만 남은 다진 바닥이 나온다 발굴은 중단되고 청소가 시작된다 그 바닥은 얼마나 남았을까, 이 미터 곱하기 일 미터? 높이를 재고 방위를 재고 바닥을 모눈종이에 그려 넣는다 이 미터 곱하기 일 미터의 비씨 2000년경, 사진을 찍고 난 뒤 바닥을 다시 삽으로 판다 한 삼십 센티 정도 밑으로 내려가자, 다시 토기 파편들, 돼지뼈, 소뼈, 진흙개, 바퀴, 이번에는 돌처럼 딱딱하게 굳은 곡식알도 나온다, 비씨 2100년경의 무너진 담이 나온다 담 높이는 이십 센티, 다시 밑으로 밑으로 합쳐서 일 미터를 더 판다 체로 흙을 쳐서 흙 안에 든 토기 파편까지 다 건져낸다 일 미터를 지나왔는데 내가 파낸 세월은 한 오백 년, 내가 서 있는 곳은 비씨 2500년, 압둘라가 아침밥을 먹으러 간 사이 난, 참치 캔을 딴다, 누군가 이 참치 캔을 한 오백 년 뒤에 발굴하면 이 뒤엉킨 시

간의 순서를 어떻게 잡을 것인가, 이 시간언덕을 어떻게 해독할 것인가

그렇게 웃는 나날이 계속되었다,

그렇게 웃는 나날이 계속되었다, 낯선 이들이 이곳으로 들어와서 퍼런 큰 새를 타고 다니는 동안, 아이들은 폭탄을 주머니 속에 넣고 다녔다, 나귀가 지나가는 자리마다 검은 기름이 솟아났다, 검은 기름 속에서는 아주 오래전에 사라진 사람들이 끈적거리면서 나타나 오래전에 헐린 집에 대해서 물었다, 그때마다, 그 강변에 꽃이 피었다, 붉거나 흰 꽃들이었다, 바람이 불면 꽃은 지고, 꽃 진 자리에서 열매가 돋아났다, 돋아난 열매는 우는 여자의 눈동자 모양을 하고 있다, 열매를 먹으면 갑자기 마음속에 쟁여둔 슬픔으로 가는 마음이 사라졌다, 자지러지게 웃고 싶어서 강변으로 나가서 그렇게 웃었다, 아이들의 주머니 속에 든 폭탄이 터져 아이들이 공중에서 흩어졌다, 그런데 그렇게 웃는 나날들이 계속되었다, 우는 여자의 눈동자 같은 열매가 우리를 지켜보고 있었다,

날개를 삶다

날개를 삶는다 날개에서 기름 나와 날개 사이로 떠다닌다 날개만 떠다닌다 머리 다리 어여쁜 몸통 무지개 같은 내장은 어디로 갔을까 길고 아린 발톱들을 누가 다 뽑아 갔을까, 마치 전쟁 이제 막 끝난 도시 같은 닭국물 속으로 기름달이 수없이 많은 기름달이 뜨는데 날개를 여기다 두고 기름달을 여기다 둔 그 새는 어디로 갔을까

제3부
불을 들여다보다

별을 별이

별을 누구나 하나씩 가지고 있고 칼로 별을 도려낸 흔적을 가진 이도 있고 그 흔적을 개조해서 무덤으로 만든 이도 있고 공중에 별을 걸어놓고 벌집을 만든 이도 있지만

별로 밥을 먹거나 별을 살 속으로 깊이 집어넣고 우는 이도 있고 진저리를 치며 가까운 별을 괴롭히거나 별을 구우려고 불을 피우거나 하는 이도 있지만

별을 사막에서 바라보면 별을 사막의 바람이 자고 난 뒤 바라보면 사실 별을 가진 이는 아무도 없고 별이 우리를 가지고 있지만

박미자 하나가
―식민지 시절, 식민지 아동인 내 어머니가 일본풍 계면
  가락에 맞추어 줄넘기를 하며 부르던 노래

천전소학교 여자 선생님
자기 부모 없는 사람 손을 들어라
육십 자 아동 그 안에서
박미자 하나가 손을 들었다
들었다

흔들리는 의자

몸에서 나오는 소리를 죽음과 가깝게 만들었다, 고 나는 기억할 뿐 기억할 뿐 이렇게 너와 가는 소풍길에 코끼리도 보고 돌고래도 보고 그러려고 가는 소풍길에

정말 넌 내 옆에 있니?

난 너에게 물었다. 맥도날드 치즈버거처럼 교회 종소리처럼 (햄버거는 교회 종을 닮았다) 그리고 한없이 흔들리는 저 의자처럼 (의자는 한없이 흔들리는 종 머리를 닮았다), 그리고 너는 의자를 가리켰는데

소풍 길에 누군가가 벗어놓은 처참한 속옷이 있다. 소녀의 속옷이다.

음악 선생님 또랑또랑

또랑또랑 걷던 여자
구두 뒤축이 닳아도 또랑또랑 걷던 여자

장딴지에 끓는 물에 덴 자국이 있어
스타킹을 신어야 했던 여자
언제나 치마를 입고 싶었던 여자

그 여자가 들고 가는 가방 속에는
릴케의 시집이 있고
포도줏빛 루주가 들어 있고
주소록과 지갑이 있고

멀리 두고 온 아이 사진 한 장 있고

혼자 점심 먹으러 나온 여자
또랑또랑 김밥 먹으러
학교 뒷문을 빠져나오던 여자

불길한 골목을 걸으면서
찢긴 치마를 여미던 여자

고요하게 손을 뻗다

담장에 넝쿨 하나
고요하게 손을 뻗어
담장을 만진다

새 잎 하나 온다

담장은 제 몸에
새 생명 하나가 고요하게
손을 뻗는 것 모른다

이 지구에서 많은 종이

새로 생겨날 때도
혹은 사라져갈 때도
그 어머니인 지구가

아무것도 모르는 것처럼
아무것도 모르는 어머니

그런 존재인 어머니

고요하게 손을 뻗는 새끼들을 그냥 모른 체하세요

달이 걸어오는 밤

저 달이 걸어오는 밤이 있다
달은 아스피린 같다
꿀꺽 삼키면 속이 다 환해질 것 같다

내 속이 전구알이 달린
크리스마스 무렵의 전나무같이 환해지고
그 전나무 밑에는
암소 한 마리

나는 암소를 이끌고 해변으로 간다
그 해변에 전구를 단 전나무처럼 앉아
다시 달을 바라보면

오 오, 달은 내 속에 든 통증을 다 삼키고
저 혼자 붉어져 있는데, 통증도 없이 살 수는 없잖아,
다시 그 달을 꿀꺽 삼키면
암소는 달과 함께 내 속으로 들어간다

온 세상을 다 먹일 젖을 생산할 것처럼
통증이 오고 통증은 빛 같다 그 빛은 아스피린 가루 같다
이렇게 기쁜 적이 없었다

기차역 앞 국 실은 차

기원후 이천삼 년 파리 동부역
밤 스물세 시
서둘러 스트라스부르크로 가는 기차를 타러 가는 길

붉은 십자가를 새긴 차가 황급히 멈추고
문 열자
화들, 떠는 국 내음
달도 회 동하는지
파들, 내려다보는데

갑자기 그렇게 많은 사람들
자동차 앞에 줄 선다

다만 공평하다 어떤 피붓빛을 가졌더라도
고깃국 앞에 서면 배고프다

저 달큰한 국에 얼굴을 박는
무한의 구덩이에 던져진

존재, 그 어깨, 녹슨 철거물
그런데
아직 살기를 시작하지 않은 아이들의
중독은 어떡할거나

동그라미

믹서에 불린 콩을 갈아놓고 들여다본다, 저 동그라미, 전기 모터가 불린 콩의 몸을 헤집어 끌어낸 저 두터운 몸, 단백질의 동그라미, 마치 두텁떡같이 너덜거리는 동그라미, 달 표면처럼 움푹, 여기저기, 끊어진 동그라미, 명암이 저리도 도드라진 어느 고개 많은 시간의 말 같은 동그라미, 해시간 달시간 별시간 다 진 동그라미, 그러나, 그냥, 불린 콩 동그라미,

그냥 불린 콩 동그라미, 라고 제가 말했나요
창가에 서서 바라보면
가까운 난민수용소 운동장에
남자 아이들이 공을 차고 있는데
비 오고 저 멀리 있는 고향엔
아주 천천히 동그라미를 돌며 제를 올리는
목련꽃이 섬뜩한데도
그냥 불린 콩 동그라미, 라고 했나요,
저건 빈 우주의 뼐 같지는 않나요,

저 상추밭 후드득 물 듣는 잎 아래 작은 달팽이 비 긋고 있네, 움츠러든 작은 몸속에 든 적막, 후드득 물 듣는 소리, 누군가 달팽이에게 말을 좀 걸어주오, 빗장을 걸듯 말을 걸어, 달팽이를 어느 어수선한 집 안으로 들여보내주오

기억하는가 기억하는가

 못에 연분홍 푸른빛 연밥이 열린 거, 연밥 따던 아씨들이 그 못가에 있던 거

 못 위를 지나가던 바람이 붉은빛이거나 누런빛이거나 하던 거

 그 위를 검거나 퍼렇거나 한 입성을 걸치고 죽은 이들이 걸어다니던 거

 걸어다니면서 연밥 따던 아씨들을 안으려다가 허연 물빛에 스러지던 거

 그래서 물이 검거나 푸르거나 허옇거나 하던 거

 그 물 위를 불을 인 잠자리들이 날아다니며 갈그림자 던지곤 하던 거

불을 들여다보다

불을 먼 별 눈먼 별
들여다보듯 그렇게 들여다보다
저 고요 나는 어쩔 것인가

노을 속으로 끌려가는
새떼 바라보듯 그렇게 들여다보다
저 아우성 나는 어쩔 것인가

불속에서 마치 새 숲을 차린 듯
제집으로 돌아가는 늙은 양떼의 발목인 듯
하얗게 숨을 죽여가는 저 나무들 나는 어쩔 것인가

몸에 남은 물의 기억을 다 태우는 당신과
당신 물의 기억이 다 지는 것을 들여다보는
나는 어쩔 것인가

저녁 스며드네

 잎들은 와르르 빛 아래 저녁 빛 아래 물방울은 동그르 꽃 밑에 꽃 연한 살 밑에 먼 곳에서 벗들은 술자리에 앉아 고기를 굽고 저녁 스며드네,

 한때 저녁이 오는 소리를 들으면 세상의 모든 주막이 일제히 문을 열어 마치 곡식을 거두어들이는 것처럼 저녁을 거두어들이는 듯했는데,

 지금 우리는 술자리에 앉아 고기를 굽네 양념장 밑에 잦아든 살은 순하고 씹히는 풋고추는 섬덕섬덕하고 저녁 스며드네,

 마음 어느 동그라미 하나가 아주 어진 안개처럼 슬근슬근 저를 풀어놓는 것처럼 이제 우리를 풀어 스며드는 저녁을 그렇게 동그랗게 안아주는데,

 어느 벗은 아들을 잃고 어느 벗은 집을 잃고 어느 벗은 다 잃고도 살아남아 고기를 굽네

불 옆에 앉아 젓가락으로 살점을 집어 불 위로 땀을 흘리며 올리네,

잎들은 와르르 빛 아래 저녁 빛 아래 빛 아래 그렇게 그렇게 스며드는 저녁, 저녁 스며드네

말강 물 가재 사는 물

성구네 큰형 눈썹 진하고 눈 부리부리해서 장군감인데
성구 눈 작고 어깨 좁아 눈치 슬근슬근 홀짝이기도 잘했네

그러나 말강 물에서 가재를 잡을 때만은 슬근슬근 눈치 보기 제법 통해서
되퉁박 허덩 가득 슬슬 기는 분홍 가재 성구가 잡아내네

성구가 잡은 가재 성구처럼 되퉁박 속에서 꺼먹꺼먹 눈치만 보는데
하하 우리 성구 가재 내가 먹어주마 성구 큰형 막구리 입으로 가재를 통으로 넘길 때

착한 성구 말 한마디 않고 막대기로 땅바닥에
금 그으며 말강 물만 그렇게 바라보았네

말갛 물 가재 사는 물 가재처럼 작은 눈엔 눈물 글썽 그렇게 그렇게 바라보았네
　미안하다 미안하다 분홍빛 가재야 말갛 물 가재 사는 물

나무 흔들리는 소리

 일테면 전파를 안아 세계의 소식을 듣는 것처럼 나무 흔들리는 소리를 우리가 숲에서 들을 때

 그 숲에는 죽은 새와 다람쥐가 이끼와 고사리 곁에서 썩고 그 곁으로 아주 작은 시내가 전파처럼 세계를 흐르고

 죽어가는 사람들이 한 종으로 살아온 시간을 아쉬워하며 눈을 뜨고 다시 세계를 보려 하고
 나무 흔들리는 소리가 이 세계의 마지막인 양 귀를 부실 때

 이 지구에 살던 사라진 종들이 사라진 시간을 살아갈 때 그때 다시 무기를 들어 타인의 눈을 겨냥하는 많은 이들의 가슴에도 나무 흔들리는 소리,

 오 그 소리, 일월성신이 인간이라는 종의 몸속으로 들어오는 소리

아마도 그건 작은 이야기

 저녁 아홉 시, 아직 도서관에 앉아 1885년에 발굴된 도시의 사진을 들여다보는데, 검은 얼굴을 한 청소부가 도서관으로 들어와 쓰레기통을 비운다,

 어디에서 왔어요, 그곳에는 기린이 커다란 황금 들판을 달리나요, 혹은 아비에게 쫓겨난 하마들이 물을 찾아 어슬렁거리나요, 사자와 범과 유엔에서 나온 사람들이 천막을 짓고 물과 밥을 나누어주나요, 그곳에 미국 옛날 대통령 클린턴 사람들이 와서 에이즈 약을 나누어주나요, 수십만 명이 집을 잃는데도 아무 관심이 없는 그 붉은 대륙에 코끼리들이 쓰러지는 길을 지나고 지나서 어미 없는 아이들이 마치 김종삼 시인이 그러했던 것처럼 '가난한 아희에게 온/서양나라에서 온/아름다운 크리스마스 카드처럼' 잎잎으로 누워 있는 그곳, 에서 왔나요,

 아마도 그건 작은 이야기, 우리가 이 작은 도서관에서 이렇게 찰나로 마주치는 것처럼, 그대는 청소부로, 나는 그대를 바라보는, 이 시간까지 집으로 돌아가지 못하는,

눈 오는 밤
── 진이정을 추억하다

오래전에 죽은 젊은 시인 돌아온다
기침 소리

살아 있을 때 기침 한번 하지 않았던
젊은 시인

저 빛 같은 어둠의 눈송이 사이에
맹렬하게 지나가는 바람의 귀

추운데 외투라도 입고 있나, 싶은데
마치 그가 갈 때처럼 추우면 어쩌나, 싶은데

눈 오는데 따뜻한 땅 밑에 들어 있지, 싶은데
술 데울 아궁이 하나 없어 어쩌나, 싶은데

저러다 저 눈 비 되어 진탕 되나, 싶은데
저러다 저 비, 진눈깨비 화살 되면 어쩌나, 싶은데

눈빛 아래 혼자 돋아나는 발자국
발자국 속에 먼 늑대 우우거리는 소리는 고여들고

돌아오는 젊은 시인을
기다리는 밤

마늘파 씨앗

슈퍼마켓에서 씨앗을 삽니다
마늘파 씨앗, 봉지에 활짝 피어 있는
흰꽃, 마늘파꽃

3월부터 8월까지 20센티미터의 간격을 두고
뿌려서는 땅에다 물을 자주 주라고 합니다

까치나 까마귀가 지나가면
다 먹어버리니 땅 30센티미터로 흙을 돋우라고 합니다
(까치가 미워 죽겠어요, 까마귀도요, 이 씨를 다 먹는
새들의 위장 안에서 마늘파는 잎을 피울까요)

15도에서 18도 사이의 온도에서
10일에서 15일이면 싹이 튼다고 합니다

6월에서 첫서리가 올 때까지

마늘파를 거둘 수 있다고 합니다

씨앗 봉지 속에 든 씨앗들이 잠을 깨면
작은 머리를 햇빛에 들이밀면

아주나 잊어버리지 않았던 옛 벗님이여, 먼 길 오소서,
느리게 자라나는 저 잎에 꽃 듭니다
꽃은 무슨 별인 양, 아득합니다

기차역

그때 나 갓 스무 살
그 거리, 혼불이 든 영혼의 거리
그대를 기다렸네
내 옆에 보자기를 풀어 빗이나 실이나 단추를 팔던
아낙, 그때는 80년대

독재자의 얼굴로 돌이 날아가고
흰옷을 입은 여자들이 한 거리에서 춤을 추고
그대가 오던 길이 막히고
아낙이 젖 먹던 아이의 얼굴을 시커먼 손으로 훔쳐주며
고개를 숙일 때

초조하게 시계를 바라보며 시계를 바라보며
오후를 넘긴 해가 멀리 지구의 저 너머로 걸어가는 것을 바라보며
그때 내 영혼에 구멍이 뚫리는 것을 멍하니 바라보며

그대여, 이 속수무책은 그때 그 도시를 다스리던 독재자의 선물인가,

내가 그대가 오는 것을 기다리지 않을 거라는 느낌,
내 일생의 어떤 순간도 더 이상 기다림으로 허비하지 않겠다고,
혼자 중얼거리며 기다림을 거부하며,

어둑한 그 거리에서
아낙이 단 하나의 빗도 팔지 못하던 그 거리에서,
어떤 독재보다 더 지독한 속수무책은
내 영혼의 구석구석까지 검열했고
더 이상 기다리는 것을 믿지 않는 것, 그때,
그대는 끝내 그곳에 오지 않고

지금 나는 사십이 되어 비 오는 이방의 어둑한 기차역에 서서
오지 않는 기차를 기다리는데,

오십 분 연착된다던 기차는 두 시간이 넘도록 오지 않고
펑크 계집아이 하나가 맥주 하나 마실 돈 달라고 손 내미는데
지금 이 속수무책도 그때 그 독재자의 선물인가,
나, 그때 지금까지 당도하지 않는
그대를 기다려야 했는가

제4부
저 물 밀려오면

무너진 조각상

 숨은 말 속에 불 있는가, 저 조각상의 근육 속에 힘은 있는가, 손가락 속에 아직도 살인을 명령할 욕망은 있는가, 조각상이 넘어지면 떨어지면 산산이 부서지면 죽는가, ebay 경매에 나온 어느 독재자 조각상의 다리 한쪽, 저런 종류의 죽음을 우리는 무엇이라 부르는가

말 한 마리

 산 숲 구덩이에 썩고 있는 물속에서 걸어나온 말 한 마리, 빛 속을 걸어다니고 싶었던 말 한 마리 저녁이면 고요히 제 구유로 밥 먹으러 오고 싶었던 말 한 마리 빛을 퉁기며 거품침 속으로 공기를 우물거리고 싶었던 말 한 마리

 말 한 마리 산 숲을 빠져나와 벌판을 지난다 길 위에 꽃 지는데 초록 돋아드는 햇살 설렁이는데 눈 안에는 들판 들판에는 그렇게 많은 싸리꽃 일렁이는 시간을 빛 속에 나누어주고 있는 싸리꽃 말의 눈 안에서 싸리꽃은 얼마나 많은 씨앗을 하늘로 올려보내고 있었던가

 썩고 있는 물이 제 구유인 말 한 마리 들판을 지나 자동차 지나다니는 길로 들어서는 말 한 마리 자동차를 타고 다니는 사람들이 사는 동네로 들어오는 말 한 마리 지붕을 바라보다가 지붕선을 바라보다가 지치는 말 한 마리

말을 읽는 말 한 마리 말을 건너가는 말 한 마리 구름 밑을 지나 구름 속으로 들어가고 싶은 말 한 마리 지친 말 한 마리 뜨거운 육체만이 이끌고 갈 수 있는 말 한 마리 무너지는 육체를 떠밀고 갈 수 없는 말 한 마리 다시 뜨거워져야만 동네를 빠져나가 길을 지나 들판을 지나 산 숲으로 갈 수 있는 말 한 마리 다시 썩고 있는 물로 들어갈 수 있는 말 한 마리

검은 소 도시 혹은 여행 전에 읽은 여행 길잡이 가운데

―1200년 전에 세워진 그 도시에는 지금은 이만여 명의 인구가 살고 있다. 도시는 기차역을 중심부에 두고 정방형으로 세워져 있다. 주요한 경제 활동은 도시 주변부에 자리 잡고 있는 작은 마이크로 칩 공장과 도시 곳곳에 흩어져 있는 대학이며 도시 빈곳곳의 초장 위에 검은 소를 놓아기르는 것도 중요한 업 가운데 하나이다.

―규방 총서에 나오는 이 도시의 먹거리 가운데 제일로 유명한 것이 검은 쇠머리 국수다. 쇠머리를 마늘과 생강과 소주를 넣고 푹 삶는다, 그 살을 발겨내어 잣가루와 소금을 쳐서 차게 식힌다, 가는 국수를 삶아 물에 헹구어서는 쇠머리 국물에 말아내고 쇠머릿살을 고명으로 얹고 간을 옅들게 한 생채를 곁들여 먹는다.

―저 물을 끼고 놀던 작은 물새여, 거인은 어디에 두고 강만 남아 있느뇨,
  저 물에 흐느끼는 늙은 억새여, 사방에 흩어진

거인의 몸을 어디에서 다시 찾느뇨

    (중세 시인 이평이 이 도시에서 며칠을 노닐다가 남긴 시 한 편)

  —검은 소는 이 도시를 세운 불을 삼킨다는 거인이 타고 다닌 동물이라고 한다. 이 도시를 세운 것으로 전해지는 거인은 이 검은 소를 타고 하늘로 올라가서는 하늘 끝에 있는 '영원히 푸른 이끼'에 있는 땅을 한 점 떼어다가 물만 있었다는 이곳으로 가져왔다. 거인은 땅을 이곳에다 던졌고 그래서 물 가운데 땅이 생겨났다. 땅 위의 푸른 이끼 속에서 사람들이 생겨났다. 거인은 사람들에게 불과 글을 가르쳤다. 푸른 이끼에서 생겨난 사람들은 거인과 검은 소를 섬기며 이 도시를 건설했다, 고 한다.

  —거인은 아이를 낳았다, 고 한다. 거인의 아이는 검은 쇠머리를 하고 있었다. 푸른 이끼 속에서 나온

사람들은 거인의 아이를 불상스럽게 바라보았다, 고 한다. 기차역이 서고 마이크로 칩 공장이 세워지고 있었다, 고 한다. 아이가 검은 쇠머리를 하고 마이크로 칩 공장 주변을 뛰어다니자 공장에서 막 생산되던 마이크로 칩이 우르르 공장 벽을 뛰쳐나왔고 검은 쇠머리의 아이는 그 칩을 그렇게 맛있게 집어먹었다, 고 한다.

—사람들이 거인과 거인의 아이를 죽여, 거인의 몸은 갈갈이 나누어 물속으로 던지고 아이의 검은 쇠머리는 땅에다 심었다. 검은 소는 거인의 몸이 둥둥 떠다니는 물가를 서성이며 우우거리며 그러다가, 사라졌다. 사라져서 다시는 나타나지 않았다. 땅에 심겨진 아이의 머리는 자라고 자라서 밤이고 낮이고 그렇게 웃어대었다, 고 한다

—이 도시의 초장에서는 검은 소가 자라고 여행객들은 강가에 있는 작은 배를 타고 강 위에서 점심을

먹을 수 있으며 그 검은 소들을 보거나 저녁에는 규방총서에 적힌 대로 국수를 말아주는 국숫집에서 검은 쇠머리 국수를 먹을 수 있다.

『검은 소 도시 여행 길잡이』라는 책에 관하여

—200권 한정판, 비매품, 양장본, 출판 연도 2001년 (기원전인지 기원후인지는 표기되어 있지 않음).

—가로 세로 12 곱하기 21센티미터. 302쪽, 지도 3장, 그리고 그림 13장. 책 무게는 아주 가벼움.

—푸른빛의 책 앞표지에는 검은 소 한 마리, 도드라지게 양각으로 박힌 검은 소. 검은 소가 희게 음각된 강을 따라서 어디론가 가고 있음.

—책 뒤표지에는 다시 음각으로 흐르는 흰 강, 그 강을 따라서 걸어가는 양각으로 박힌 여인과 아이, 아이의 머리는 검은 소의 머리임.

—속표지에는 검은 쇠머리가 중간에 박혀 있음. 다시 책장을 넘기면 작가의 헌정, '나의 아내에게.' 책장을 넘길 때마다 오래된 종이에서 나는 먼지 냄새가 남. 그렇다고 그 먼지 냄새가 딱히 책의 나이를 누설하지

는 않음. 그 책을 손에 들고 장을 넘기는 누구도 책의 나이를 묻지 않게 됨. 왜 그런지는 설명되지 않음. 다만, 책장을 넘기다 보면, 어느 시절 불안했던 한 영혼이 그 불안을 눌러 잘 접어 둔 자리에 자기를 앉혀 썼다는 느낌을 줌, 왜 그런지는 설명되지 않음. 책장 가운데 커피 자국도 있음, 누군가의 담뱃재에 탄 자리도 있음. 이 책의 옛 주인이 누군인지, 강가에 늘어선 고서점상의 나이 든 사내는 모름. 다만 값을 깎지 말라는 말만을 그에게 들었음. 그 고서점이 있는 강가의 한 귀퉁이에 있는 가배점에서 작은 과자와 함께 커피를 마시고 앉아 있으면, 마치 그 강이, 이 책의 표지에 음각으로 박힌 그 강인 것처럼 보임. 이 세계의 어느 강가에 앉아 어떤 따뜻한 음료수와 함께 있어도, 그 강이 바로 음각의 강,이라 여겨질 것 같기도 함.

  ―사용된 저자의 이름은 가명임. 작가의 소개는 전혀 되어 있지 않음. 다만, 부치는 글을 읽으면 작가를 얼마간 알 수 있음.

폭풍의 밤

 어느 날, 그 숲에는 작은 다람쥐들이 하늘로 올라가고 있었다. 잘못 보았다고, 나에게 말하지 마세요, 정말 보았다고요. 정말, 그 폭풍 속에 다람쥐들이 하늘로 하늘로 올라가고 있었다고요, 마치 아주 오랫동안 하늘로만 올라갔던 것처럼 그렇게 올라가고 있었어요, 보았어요, 내 눈으로, 눈으로 본 게 다는 아니라고요, 그렇다면 눈이 아니라 무엇으로 보아야 하나요, 그때 다람쥐들은 하늘로 마치 날개를 단 것처럼 제 꼬리와 머리를 양 날개로 삼아 그렇게 하늘로 올라가고 있었어요, 마치 하늘에 숲이 있는 것처럼, 개암나무로만 이루어진 숲이 있는 것처럼, 그 숲을 찾아서 찾아서 그렇게 하늘로 올라가는 것처럼, 정말 나에게 말하지 마세요, 잘못 보았다고요

코끼리, 거미 다리를 가진, 그 해변에서 달리가 그린, 그 코끼리

코끼리는 길다란 거미 다리로 느릿느릿, 사막을 건너간다, 바다 너머에 있는 사막, 바다에서 아이에게 먹일 새우가 자라는 동안 사막에는 아이를 키울 빛이 서성거리고 있는데, 어느 날, *소녀인 달리가 바다의 피부를 떼어내어 해변에서 자고 있는 개에게 덮어주는 꿈을 꾸는 동안*, 나는 그 해변에 앉아 소금에 절인 물고기를 먹으며 거미 다리 같은 코끼리 다리를 뚝 뚝 분질러 피리를 만들어 불어보면, 참 좋겠다고, 사막을 걸어가던 코끼리가 빛 아래에서 더 걷지 않고 가만히 앉으면 사막의 피부를 떼어내어 그 빛으로 이루어진 피부를 코끼리에게 덮어주는 소년인 나는, 그 꿈을 꾸는 나는, 그렇게 자주 코끼리가 걸어다니는 사막을 거미 다리로 걸어다닌 나는, 코끼리 다리로 피리를 불고 싶은 나는, 사람이라는 종으로 태어나 이 느낌을 이렇게 적는 나는, 존재 증명의 나날을 사람의 나날로 살아가는 나는, 저 멀리 사막을 느릿느릿 걸어가는 코끼리를 진열해놓은 피게라스 달리 박물관 앞에 서서, 두어 시간 남짓 기다린다, 어둑어둑, 해진다

물지게

　물지게를 지고 지나가는 남자, 남방초길 십자성길 지나는 시간 없는 시간 속의 남자 지고 가는 물동이에 빛 있다 물이 우려내는 빛, 섬세한 빛 근육, 야자잎 드문드문 빛의 존재를 지우는데도 빛은 있다, 저 빛을 마신 남자의 아이들은 물이 되리라

그렇게 조용했어, 눈이 내리는 소리가 들려,

가만, 가만,

창 앞에 앉아 잘 익은 매실로 만든 차를 마시며,
텅 빈 예금통장과 전기세 영수증이 놓인 탁자를 바라보며,

그래, 그래,

그 옆에 놓인 책 한 권, 얼음에 덮인 맘모스의 털을
얼음으로부터 잘 떼어내는 방법이 들어 있는 고동물학자의 발굴기,

저것 좀 보아,

커다란 전기톱으로 얼음을 잘라내는 동안
맘모스는 단 한 번도 꿈적거리지 않고
죽은 채 죽어 있는데,

가만 가만,

오래 미루어두었던 쓰레기를 버리러 일어서서,
다시 텅 빈 예금통장을 바라보다가,
이제 두어 번 정도만 마실 수 있는 매실차 병을 바
라보다가,
쓰레기통을 들고 문을 열면,

그래 그래,

그렇게 조용했어,
눈 내리는 소리를 듣는 작은 아가의
귓바퀴 위에도 빛나는,

그래, 그래,

그렇게 맘모스가 얼어가는 그날,
얼음 드는 소리가 죽어가는 맘모스의 털에

마치 조용한 화석처럼 박히는 것처럼.

배

해그늘
하늘그늘
맑은 꽃그늘

꽃 지고
몸 궁글어지고
속 서서히 딱딱해지고

둥근 살 안에 든
오두마니 저를 안아들이는 결정

나무 둥치로 기어가는
뱀 한 마리
헛, 빛으로
기어가는 뱀 한 마리,

저녁이면 후루룩 멸칫국물에 만
흰빛 국수 먹고

오래 서 있다, 마치

오늘이 세상의 끝인 것처럼

웃는 소리

빈 벌판
눈 온다

나, 라는 생존의 조건

먼 나라
눈 덮인다

나, 라는 이명의 이름

그때 들었다
어느 하늘 무덤

웃는 소리

더운 사슴
눈 속으로 들어간다

여름 내내

 사과나무 아래서 책을 읽었습니다. 책 제목……, 기억나지 않네요. 사과가 아주 작을 때부터 읽기를 시작했는데, 점점 책 종이가 거울처럼 투명해져서 작은 사과알들을 책을 읽으면서 볼 수 있었습니다. 점점 책 종이가 물렁해져서 책 주위에서 어슬렁거리던 사과알들이 책 안으로 들어갔습니다. 활자도 사과알을 따라 책 안으로 들어갔습니다. 책은 물렁해졌고 물처럼 흐르려고 했어요. 물처럼 흐르는 책의 제목이 기억나지 않아요. 사과알이 든 흐르는 책을 여름 내내 읽고 있습니다. 나무에 매달린 사과알들이 다 사라지고 난 뒤, 나무가 책의 물 회오리로 들어왔습니다. 집과 새와 구름이 들어왔습니다. 해가 그리고 내 위의 하늘조각도……. 책은 무거워지고 더 거세게 흐르고, 여름 내내 책을 읽고 있었습니다. 사과나무도 구름도 해도 하늘조각도 사라지는 자리에서

기쁨이여

슬픔이여,
기쁨이 어디에 있는지 물은 적 없었던
슬픔이여
찬물에 밥 말아먹고 온 아직 밥풀을 입가에 단
기쁨이여
이렇게 앉아서

내 앉은 곳은 달 건너 있는 여울가

내가 너를 기다린다면
너는 믿겠는가, 그러나
그런 것 따위도 물은 적이 없던

찬 여울물 같은 슬픔이여,
나 속지 않으리, 슬픔의 껍데기를 쓴
기쁨을 맞이하는데
나 주저하지 않으리

불러본다, 기쁨이여,
너 그곳에서 그렇게 오래
날 기다리고 있었는가,

슬픔의 껍데기를 쓴 기쁨이 고개를 끄덕이는 것,
나는 바라본다, 마치,
잘 차린 식사가 끝나고
웃으면서 제사를 지내는 가족 같은
기쁨이여

저 물 밀려오면

저 물 밀려오면 무얼 할까,
그 물 위 수 놓을까, 어쩔까
그 물 위 한 뭉텅이 짐승의 살 다질까, 말까,
그 물 위 뒤 모래밭에서 깨어난 새 마늘 찧을까, 말까,
그 물 위 햇고추 말릴까 말까, 무얼 잃을까

햇빛 다지듯,
달빛 으깨듯,
그날 읽었던 책장에 든 낡은 짐승들이 사라진 기억
다질까, 으깰까, 웃다가
이 생에 한 사람으로 태어나

먼 밤 잠 못 드는 저 물 밀려오는 소리, 듣는
그 물 위 당신이 뱉어낸 별들 안아 들일까, 말까,
그 물속 사라지는 저 빛 어쩔까, 나 말까

그러다가, 사라질까, 무엇이 될까,

잊어버릴까

|해설|

고고학적 상상력과 시

성 민 엽

　허수경 시인이 독일로 건너간 것이 1992년이었으니 그녀의 독일 생활도 어느새 햇수로 14년이 되었다. 그동안 그녀는 뮌스터 대학에서 고고학을 공부해왔고(대학 시절 그녀의 전공은 국문학이었다), 2003년에는 뮌스터 대학 고고학 교수와 결혼하여 독일에 정착했다. 1987년에 등단하여 1992년 독일로 건너가기까지의 시간이 5년인 데 비해 그녀가 독일에서 고고학을 공부하며 지낸 시간은 그 3배에 가깝다.

　작품 읽기보다 작가의 삶에 대한 정보를 앞세우는 것을 나는 좋아하지 않는다. 하지만 허수경 시인의 새 시집은 (2001년에 나온 지난번 시집『내 영혼은 오래되었으나』도 마찬가지로) 그럴 것을 요구한다. 가령 다음과 같은 시를 보자.

에이디 2002년 팔월 새벽 여섯 시 삽으로 정방형으로 땅을 자른다, 비씨 2000년경 토기 파편들, 돼지뼈, 염소뼈가 나오고 〔……〕 한 삼십 센티 정도 밑으로 내려가자, 다시 토기 파편들, 돼지뼈, 소뼈, 진흙개, 바퀴, 이번에는 돌처럼 딱딱하게 굳은 곡식알도 나온다, 비씨 2100년경의 무너진 담이 나온다 〔……〕 다시 밑으로 밑으로 합쳐서 일 미터를 더 판다 체로 흙을 쳐서 흙 안에 든 토기 파편까지 다 건져낸다 일 미터를 지나왔는데 내가 파낸 세월은 한 오백 년, 내가 서 있는 곳은 비씨 2500년,　　—「시간언덕」 부분

고고학 발굴 현장에 대한 묘사이다. 일 미터 깊이가 오백 년 세월과 등가인 고고학의 세계는 그 자체로도 흥미롭지만 이 세계의 일상적 체험이 시인의 상상력에 내면화되는 방식은 더욱 흥미롭다. 그것은 우선 시각의 거시화(巨視化)로 나타난다. 삼십 센티 두께의 퇴적층에서 100년 세월을 보니 그러지 않을 수 없으리라. 그리고 그 시각은 비관주의적인 것이 된다. 시인의 한 산문에 씌어진 다음과 같은 구절은 새겨볼 만하다: "폐허의 어느 깊은 골에서는 검은 띠가 물경 2미터 두께로 둘러져 있었는데 고고학자들이 부르는 '파괴 층위'의 자취였다. 그것인가. 모든 역사가 끝난 뒤 파괴층의 검은 띠가 상가(喪家)의 검은색 상장처럼 두르고 있는 것, 그것을 위해 왕들은 '세계 질

서'를 위한 전쟁과 살육을 마다하지 않았는가?" 하나의 고고학적 지층의 끝, 즉 '역사'의 끝이 파괴층이라는 이 비관적 인식에는 순환주의적 시각이 수반된다. 파괴층으로 끝나는 고고학적 지층들이 여러 겹으로 쌓여 있는 것은 반복 순환의 모습이기 때문이다. 그리하여 다음과 같은 시가 생겨난다.

 오래전에 어떤 왕이 죽었다. 이 남자들이 태어나기 훨씬 전에 죽었다. 그런데 남자들의 눈동자는 이글거린다. 무덤을 찾아내면, 내 식구들이 어디에서 죽어갔는지, 알 수 있을 거라고⋯⋯. ─「오래전에 어떤 왕이 죽었다.」 부분

현재와 과거(고고학적인 거시적 규모에서의 과거)가 반복 순환의 원리 위에서 겹쳐지고 있다. 이 시집의 많은 시편들이 이러한 겹침을 보여주거니와, 이러한 상상력을 고고학적 상상력이라고 불러볼 수 있겠다.
이 고고학적 상상력의 비관주의는 극단적이다. 한 지층의 내용은 '전쟁과 살육'이고 그 지층의 끝은 파괴층이며 이러한 지층의 반복 순환이 인류의 역사이니 말이다. 그 비관은 거의 인간에 대한 환멸에 다다를 정도이다. 그러나 정작 시인이 말하고 싶어 하는 것은 희망이다. 시집의 뒤표지 글에서 "이런 비관적인 세계 전망의 끝에 도사리고 있는 나지막한 희망, 그 희망을 그대에게 보낸다"라고

쓴 시인은 이어서 다음과 같이 쓰고 있다: "한 도시가 세워지고 사람들이 한 세상을 그곳에서 살고 그리고 사라진다는, 혹은 반드시 사라진다는 이 롱 뒤레의 인식이 비극적인가? 그렇다면 이것은 인간적인 그리고 자연적인 비극이다. 그러므로 그 비극은 비극적이지 않다." 여기서 '그러므로'라는 말에 이끌려 나오는 결론은 그다지 설득력이 있다고 말하기 어렵다. '인간적' '자연적'이라는 말의 실제 내용이 무엇인지가 나타나지 않기 때문이다. 사실은 이 시집의 '시'가 그 실제 내용이다. 그것은 산문으로는 온전히 나타낼 수 없는, 오직 '시'로써만 나타낼 수 있는 그러한 것이리라. 우리는 그 '시'를 읽어야 할 것이다.

이 시집에는 주목할 만한 이미지들이 여럿 등장하지만 그중에서도 제일 먼저 눈에 띄는 것은 '달'이다. '달'은 기왕의 무수한 시편들 속에 무수히 등장해온, 그래서 그 자체로는 조금도 신기할 것이 없는 이미지이다. 하지만 허수경의 '달'은 종전의 무수한 '달'들과는 구별되는 자기만의 특성을 지니고 있다. 그 특성이 허수경의 '달'을 참신한 것으로 만들어준다.

    1-1 저 달이 걸어오는 밤이 있다

    1-2 달은 아스피린 같다

    1-3 꿀꺽 삼키면 속이 다 환해질 것 같다

2-1 내 속이 전구알이 달린
2-2 크리스마스 무렵의 전나무같이 환해지고
2-3 그 전나무 밑에는
2-4 암소 한 마리

3-1 나는 암소를 이끌고 해변으로 간다
3-2 그 해변에 전구를 단 전나무처럼 앉아
3-3 다시 달을 바라보면

4-1 오 오, 달은 내 속에 든 통증을 다 삼키고
4-2 저 혼자 붉어져 있는데, 통증도 없이 살 수는 없잖아,
4-3 다시 그 달을 꿀꺽 삼키면
4-4 암소는 달과 함께 내 속으로 들어간다

5-1 온 세상을 다 먹일 젖을 생산할 것처럼
5-2 통증이 오고 통증은 빛 같다 그 빛은 아스피린 가루 같다
5-3 이렇게 기쁜 적이 없었다
  ―「달이 걸어오는 밤」 전문(각 행 앞의 숫자는 연과 행을 표시하기 위해 인용자가 붙인 것임)

1-1부터 심상치 않다. 우선 '저 달'의 '저'라는 관형사가 갖는 독특한 어감을 염두에 두어야겠다. '저 달'이

('나'에게로) 걸어온다. 하늘에 떠 가는 것이 아니라 걸어오는 '달'이므로 '나'와의 직접적 접촉이 가능해진다. '저'라는 관형어는 둘 사이의 거리가 있되 그 거리가 그다지 멀지 않은 거리라는 어감을 띠게 된다. 그런데 "……하는 밤이 있다"라는 구문은 이런 일이 늘 있거나 흔히 있는 일이 아님을 암시한다. 아마도 가끔 한 번씩 있을 것으로 짐작되는 이런 일이 있을 때, 그 달은 아스피린 같은 달이고(1-2) 삼키면 속이 환해질 것 같은 달이다(1-3). 왜 달이 아스피린 같을까. 동그랗고 하얗기 때문에? 삼키면 속이 환해지는 것은 달이 발광체이기 때문일 것이다. 아스피린이 해열 및 진통 작용을 하는 약임을 생각한다면 속이 환해진다는 것은 해열과 진통을 뜻하는 것이리라. 여기서 빛과 진통은 등가 관계인 것처럼 보인다.

제2연에서 '내 속'은 환해진다. 4-3과 관련하여 보면 제1연과 제2연 사이에는 그 달을 꿀꺽 삼키는 행위가 숨어 있다. 달을 삼키자 '내 속'이 '전구알이 달린 크리스마스 무렵의 전나무같이' 환해진 것이다(2-1, 2-2). 이렇게 환해진 '내 속'에는 '암소 한 마리'가 있다(2-4).

제2연과 제3연 사이에는 일종의 위상 차이가 존재한다. 제2연에서의 '나'는 '내 속'을 들여다보고 있는 데 반해 제3연에서의 '나'는 '내 속'으로 들어와 있는 것이다. 그 속의 공간에 또 달이 있다. 이 달은 제1연과 제2연의 연간(聯間)에서 삼킨 그 달일 것이다. '나'는 '다시' 달을 바라본다(3-3).

그 달을 '나'는 다시 삼킨다(4-3). 왜 삼키는가. 달이 "내 속에 든 통증"을 다 삼켜버렸는데(4-1), 통증 없는 삶은 진짜 삶이 아니기 때문이다(4-2). 그러고 보면 제1연과 제2연의 연간에서 달을 삼키는 것은 진통을 위한 것이고, 4-3에서 다시 달을 삼키는 것은 통증을 되찾기 위한 것이다.

다시 달을 삼키자 통증이 온다(5-2). 이 통증은 "온 세상을 다 먹일 젖(이 '젖'은 4-4에서 달과 함께 '내 속'으로 들어온 암소와 관계된다)을 생산할 것" 같은 생산적인 통증이다(5-1). 이 통증은 빛 같고, 이 빛은 아스피린 가루 같다(5-2). 제1연에서의 진통=빛이라는 등식이 여기서는 통증=빛으로 바뀌었다. 이 생산적인 통증=빛의 체험에서 '나'는 기쁨을 느낀다(5-3).*

이상과 같이 읽고 나서 다시 돌아보면 우리는 다음과 같은 점들에 추가적으로 주목하게 된다. 첫째, 생산적인 통증=빛의 체험에 도달하기 위해서는 반드시 두 번의 달 삼키기가 필요한 것일까? 그런 것 같다. 왜냐하면 암소 없이는 그 체험이 성립되지 않는데, 그 암소는 처음부터 존재하는 것이 아니라 첫번째 달 삼키기에 의해 생성되는

---

* 1-2에서의 아스피린은 동그란 모양으로 연상되는 것이 자연스러운 데 반해 5-2에서의 아스피린은 가루 상태의 것임이 명시되고 있다. 왜 이렇게 되어야 하는지는 분명치 않지만, 이 변화가 진통에서 통증으로의 변화와 동궤일 것이라는 짐작은 가능하다.

것이기 때문이다. 그러고 보면 이 시의 내러티브에서 관건이 되는 것은 암소라고 할 수도 있다. 둘째, 이 시에서의 달을 월경이나 임신과 연관지어 전체적으로 일관되게 해석하는 것은 적절하지도 않고 가능하지도 않겠지만 부분적인 연관이 있음은 인정할 수 있겠다. 적어도 이 시에서 달이 월경이나 임신과 같은 것들을 포괄하는 여성성의 이미지임은 분명한 것이다. 이렇게 볼 때 이 시는 여성성의 자기 응시라고 볼 수도 있겠다.

여성성의 이미지로서의 '달'은 이 시집의 도처에서 환하게 빛난다. 그것의 성격을 보다 분명히 알아보기 위해 그와 대조적인 '해' 이미지의 남성성이 어떻게 나타나는지를 먼저 살펴보도록 하자.

> 아직 해는 도착하지 않았습니다만
> 이곳으로 올 것만은 확실합니다
> 이삼 초 간격으로 달라지는 하늘빛을 보세요
> 마치 적군의 진격을 목전에 둔 마을
> 여인들의 공포 같은
> 빛의 움직임
>
> 해가 정격 포즈로 하늘을 완전 점령하고 나면
> 이 발굴지를 덥석 집어 제 식민지를 건설합니다
> 사탕수수도 목화도 자라지 않는 이 폐허

해는 이곳에 아찔한 정적을 경작하고
햇빛은 자유 데모보다 더 강렬하게
폐허의 심장을 움켜쥐지요 　　—「새벽 발굴」 부분

  이 시는 새벽의 고고학 발굴 현장에 대해 묘사한다. 발굴 현장에서 (더구나 중동 지역에서) 햇빛이 얼마나 고통을 줄 것인가 하는 외적 사실에 입각해서 이 시에 묘사되는 '해'의 공격성을 이해하는 것은 물론 가능하지만, 우리는 거기서 좀더 나아갈 필요가 있다. 여기서 '해'는 여인들을 공포에 떨게 하는 적군의 진격과 동일시되고 지상에 대한 식민 권력으로 비유된다. 이 '해'는 긍정적 의미에서 환하게 빛나는 것이 아니라 부정적 의미에서 작열한다. 이미 있는 폐허 위에 해가 비치는 것이 아니라 해의 작열이 바로 이 폐허를 만들었고 계속 폐허이게끔 하는 것만 같다. 이 '해'는 죽음의 해이다. 그래서 이 '해'는,

폭탄을 가득 실은 비행기가 날아가던
해 뜰 무렵 　　　—「해는 우리를 향하여」 부분

에서처럼 전쟁을 수반하고, "마치 도륙이 시작되던 어느 도시의/새벽녘처럼 그렇게/삼엄하게" 떠오른다(「영변, 갈잎」). 그래서 이 '해'는,

옥수수를 심을걸 그랬어요 그랬더라면 아이들이 그 잎 아래로 절 숨길 수 있을 것을 아이들을 잡아먹느라 매일매일 부지런한 태양을 피할 수도 있을 것을
　　　　　　　　　—「물 좀 가져다주어요」 부분

에서처럼 피해야 할 대상이다. '해'의 시간은 아이들을 군인으로 만드는 '뜨거운' '청동의 시간'이다(「물 좀 가져다주어요」).

　　까마귀 걸어간다
　　노을녘
　　해를 향하여

　　우리도 걸어간다
　　노을녘
　　까마귀를 따라

　　결국 우리는 해를 향하여,
　　해 질 무렵 해를 향하여 걸어가는 것이다

　　소문에 의하면
　　해 뜰 무렵 해를 향하여 걸어갔던 이들도 있다고 한다

이를테면, 나이 어려 죽은
   손발 없는 속수무책의 신들이 지키는 담장 아래 살았던
아이들

   단 한 번도 죄지을 기회를 갖지 않았던
   아이들의 염소처럼 그렇게
                    ──「해는 우리를 향하여」 부분

 여기서 해를 향해 걸어간다는 것은 곧 죽는다는 뜻이다. 해 뜰 무렵 해를 향해 걸어간다는 것은 나이 어려 죽는다는 뜻이다. 까마귀라는 새는 물론 그 죽음의 이미지에 어울리는 새로서 등장하고 있다. 그런데 본문에서와는 반대로 제목이 왜 '해는 우리를 향하여'일까. 본문대로라면 '우리는 해를 향하여'가 맞을 텐데 말이다. 죽는 것이 아니라 죽임을 당하는 것이라는 메시지를 제목 속에 숨겨놓음으로써 일정한 효과를 의도한 것이라 짐작해볼 수 있겠다.
 하늘에 뜬 채 멀리서 위압적으로 빛을 내뿜는 해와는 달리 허수경의 달은 '나'의 내부와 끊임없이 대화하고 교통하는 가까운 존재이다. 앞에서 살펴본「달이 걸어오는 밤」에서는 물론이고 그 밖의 많은 시편들에서도 그러하다.

   자진자진 햇살에 말라가던 고구마 박, 꿈으로 생으로 들
   어오는

그러다 달이 휘영청 떴지요 　　―「달 내음」 부분

여기서 꿈으로, 생으로 들어오는 것은 '고구마 박'이지만 '그러다'라는 접속사가 그 들어옴과 월출을 내적으로 연결시켜준다.

처녀들은 가슴에 달을 안았다 처녀들은 달을 안고 극장으로 들어갔다 달이 품 안에서 깨기도 전에 극장 안에 있는 환풍기는 붉은 햇빛을 끌고 들어왔다 처녀들은 누런 달을 품고 잠으로 들어갔다 그렇게 나무에는 달 같은 얼굴이 열렸다
　　　　　　　　　―「빈 얼굴을 지닌 노인들만」 부분

아직 내부로 들어오지는 않았지만 여기서 달은 가슴에 품고 잠들 정도로 가까운 존재이다.

그때 달 하나 마치 나를 그릴 것처럼 저 혼자 내 속에서 돋아나더니 내 속을 빠져나가 걸어가기 시작했습니다 어둠에 감추어져 있던 나는 그렇게 빛 아래 서게 되었는데 (어쩌다가 내 속은 달을 돋아나게 했을까, 일테면 파충의 기억을 내 속은 가지고 있었던가) 후두둑 까마귀가 날아가는 소리 컹컹 늑대 우는 소리 저 먼 산이 나무들을 제 품속에서 끄집어내어 올빼미를 깃들게 하고 (그때 또 달 하나 저 혼자 내 속에서 돋아나더니 내 속을 빠져나가) 먼저 걸어나간 달이 새

로 걸어오는 달을 성큼 집어먹자 산은 깃든 올빼미를 얼른 품으로 끌어안아 들였습니다 (그때 또 달 하나 저 혼자 내 속에서 돋아나서는 내 속을 끌고 허공으로 걸어갔습니다) 달을 집어먹은 달은 새로 걸어오는 달과 내 속을 바라보았습니다 그때 빛 속에 서 있던 나는 내 속을 성큼 집어먹었습니다 우리는 그렇게 서로 바라보았습니다 내 속에서 돋아든 달과 내 속을 집어먹은 나는 그렇게 서로 바라보았습니다

―「그때 달은」 전문

「달이 걸어오는 밤」에서는 외부의 달을 '내' 속으로 삼키는 데 반해 위 시에서는 '내' 속에서 달이 돋아나 외부로 나간다. 처음 돋아난 달은 두번째 돋아난 달을 집어먹고, '나'는 세번째 돋아난 달에 끌려 나간 '내 속'을 집어먹는다. 그러고서 달과 '나'는 서로 마주본다. 마주보는 달은 첫번째 달인 것으로 읽히는데, 그렇다면 세번째 달은 어디로 간 것일까? 서술되지는 않았지만 그것 역시 두번째 달과 마찬가지로 첫번째 달에게 집어먹힌 것일까? 이 몽환적인 풍경은 그 비유적 의미가 모호하지만「달이 걸어오는 밤」과 구조적 상반임이 분명하다. 두 시편에서 달과 더불어 삼키고 뱉으며 들어가고 나오는 '놀이'를 하고 있는 '나'의 모습은 잉태와 출산이라는 생명의 비밀을 주관하는 여신(女神)의 모습을 연상케 한다(그렇다면 그 모습을 노래하는 시인은 그 여신의 사제[司祭]일 것이다).

다음으로 주목할 것은 '물'이다. 이 역시 중동 지역의 고고학적 발굴 경험과 무관하지 않으리라 생각되거니와 이 시집에서 물의 결핍은 중요한 모티프가 되고 있다.

> 이름 없는 집단 무덤
> 해골 없이 다리뼈만 남아 있거나 마디가 다 잘린 손발을 가진 그대들
> 해와 달이 다 집어먹어버린 곤죽의 살덩이들은
> 흙이 되어 가깝게 그대들의 뼈를 덮었는데
> 아직 흙에는 물기가 남아 있어
> 비닐봉지에 그대들을 담으면 송송 물이 맺힙니다
>
> [……]
>
> 저 해는 제 식민지를 잘 관리하는 이를테면 우주의 소작인인데
> 그리하여 우주보다 더 혹독하게 폐허의 등허리를 누르는데
> 흙먼지 미립 속에 찬연히 들어와 움직이는 식민 권력 속에
> 목마른 이는 물을 구하러 마을로 가고
> 폐허에 남은 이는 그대가 든 비닐봉지에 구멍을 뚫어주며
> 그대의 마지막 물기를 말리고 있습니다
> ―「새벽 발굴」 부분

비닐봉지에 맺히는 물기는 마지막으로 남은 생기(生氣)이다. 그러니 그 마지막 물기마저 다 마르고 나면 남는 것은 완벽한 죽음이다. 인간의 몸을 구성하는 성분 중 물이 차지하는 비율이 70% 이상이니 물이 생명을 의미하는 것은 자연스럽다. 여기서 물의 결핍은 주로 '해'로 인한 것이다(위 인용 제3행의 '해와 달'은 세월, 시간의 뜻으로 새겨져야 할 것 같다).

> 몸에 남은 물의 기억을 다 태우는 당신과
> 당신 물의 기억이 다 지는 것을 들여다보는
> 나는 어쩔 것인가   ―「불을 들여다보다」 부분

위 인용에서는 남은 물기 정도가 아니라 아예 '물의 기억'마저 태워진다. 물 결핍의 가장 극단적인 예라 할 것이다. 물의 결핍 혹은 빈곤이라는 삶의 조건 속에서 다음과 같이 물에 대한 갈구를 호소하는 것은 자연스러운 일이다.

> 물 좀 가져다주어요
> 물은 별보다 멀리 있으므로
> 별보다 먼 곳에 도달해서
> 물을 마시기에는
> 아이들의 다리는 아직 작아요
>   ―「물 좀 가져다주어요」 부분

그러나 이 시집에는 풍부한 물을 묘사한 경우도 적지 않다. 가령 「여름 내내」에서는 풍부한 물에 책종이가 물렁해지고 물처럼 흐르고 마침내 물회오리가 되며, 그 풍부한 물로 인해 사과알, 나무, 집, 새 등은 물론이요 심지어 구름, 해, 하늘조각까지 책 속으로 들어온다. 여기서 '들어옴'은 앞에서 살펴본 달 삼키기와 같은 의미를 갖는 것으로 보인다. 「흰 부엌에서 끓고 있던 붉은 국을 좀 보아요」에서 끓는 국은 풍부한 물속에 수많은 재료가 (심지어는 세계가) 들어가 있다.

요컨대 '달'과 '물'은 허수경 시인이 독자들에게 보내고자 하는 희망의 근거이고, 비극을 더 이상 비극적이지 않게 해주는 '인간적' '자연적'의 내용이라 할 수 있다. 그것의 본질은 요즘의 유행어로 바꿔 말하면 여성성이다. 나는 이 여성성이 여성의 여성성이 아니라 인간의 여성성이라고 생각한다. 허수경의 시는 고고학적 상상력의 비관주의가 그 여성성과 결합하여 빚어낸 희망의 언어라 할 수 있다.

나는 눈먼 사제의 딸, 이렇게 죽인 소를 사지요, 잘 다져서 볶지요, 고춧가루 마늘에다 은밀한 산그늘에서 가지고 온 고사리를 넣고 끓이지요, 세계를 국솥에 두고 끓이지요 먼 나라에서 온 악기쟁이들을 불러다놓고 끓이지요, 햇빛에 달빛에 별빛에 바람 오는 자리들을 깊숙이 세계의 한켠에다

집어두지요,

　　—「흰 부엌에서 끓고 있던 붉은 국을 좀 보아요」 부분

　이 국 끓이는 여사제(女司祭)야말로 시인 허수경의 자화상일 것이다. 아니 어쩌면 모든 진정한 시인의 전형일는지도 모른다. 그녀가 "거머리총판을 든 귀 먼 용"에게 잡혀가 "세계가 화덕에서 검게 졸아드는" 일이 결코 없기를!